Ilya Green

Voilà,
voilà…

et son canard.

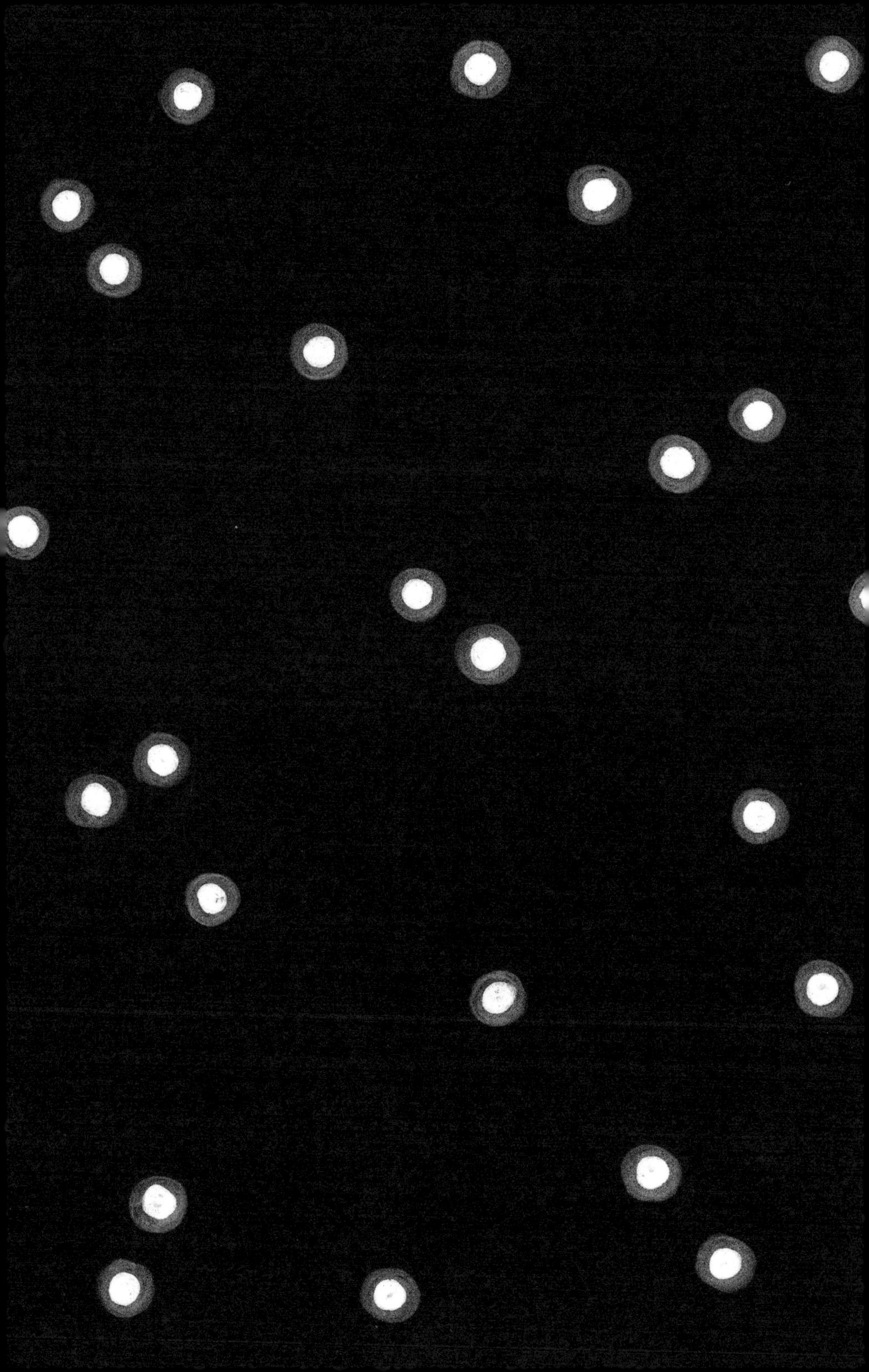

MARIA LOUETTE

et sa grande chouette.

et ses étoiles
par-ci,
par-là.

Voilà encore...

et son alligator.

VALENTIN

avec un drôle de chien.

AMIR INA
et son boa.

JO
ET

dans leur voiture.

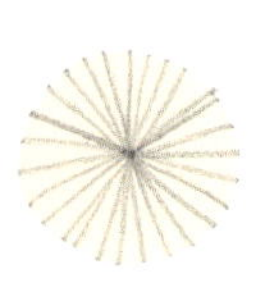

Voilà enfin…

sur son grand chat !

Et toi ?

Et toi ?

On n'attend plus
que toi !

Me voilà !

Les yeux grands ouverts
pour regarder tout ça !

Pour Swan.

Cet album a été créé dans le cadre de l'opération
« Des livres et des bébés » organisée par le Département de l'Hérault.

8, rue d'Assas, 75006 Paris
www.didierjeunesse.com
Graphisme : Frédérique Renoust • Photogravure : IGS-CP
ISBN : 978-2-278-07513-3 - Dépôt légal : 7513/01
Loi n° 49-956 du 16 juillet 1949 sur les publications destinées à la jeunesse

Achevé d'imprimer en France en juillet 2014 chez Pollina - L68673, imprimeur labellisé Imprim'Vert,
sur papier composé de fibres naturelles renouvelables, recyclables,
fabriquées à partir de bois issus de forêts gérées durablement.